让孩子从国宝里
读懂**中国史**

写给青少年的
金银器 档案

孙建华 著

天地出版社
TIANDI PRESS

推荐序

幸得"写给青少年的国宝档案"这套书,读来颇为喜悦。这喜悦一方面是看到这套专门为青少年读者所做的图书顺利完成,另一方面是觉得这套书很有新意。毕竟对于现在的青少年来说,光有知识分享还不够,还要有真正有趣的内容才能吸引他们。

现在的青少年面对的诱惑实在是太多了,相比于游戏,书本的吸引力显然是不足的。如何让孩子们少玩游戏多读书呢?为这事,不仅家长们头疼,多年从事图书策划的编辑们也颇为头疼。要为青少年做书,不仅要先靠选题内容过孩子父母那一关,更要靠优质内容吸引青少年主动去阅读。

这套"写给青少年的国宝档案"在选题方面是很好的,它以"国宝"为总领,将青铜器、玉器、陶器、瓷器、金器、银器、古画、书法、碑刻、古籍都囊括其中,内容丰富自不必多说,还条理清晰,很适合青少年阅读。所以从这一角度来看,这套图书是很符合父母为孩子选购图书的需求的。

选题之外,这套书在内容框架上也有很多出彩的地方。由于每一册图书所选定的国宝分类不同,细分板块也会有所不同:在介绍青铜器国宝时,除了基本的档案信息,还有对国宝铸造工艺的介绍;在介绍玉器国宝时,除了对其选材造型的介绍,还有对其文化价值的介绍；古画、书法等也是如此，不单单局限于国宝本身，而是将知识内容扩展到更为广阔的范围，这对于青少年的知识扩充和思维发散都是很有帮助的。

做历史科普类图书，最重要的是对历史知识准确的把握，不能出现一丝一毫的偏差。书中的每一处文字都是经过细致考究、反复核对的，这便保证了这套图书的准确性和严谨性，虽说这是做图书的根本，但能做到如此优秀也是很不容易的。

很高兴能够提前读到这套"写给青少年的国宝档案"，简单翻阅之后，又细致看了一些内容，这套书确实是很值得推荐的历史科普类图书。希望现在的青少年能够多阅读这类图书，多了解中华优秀传统文化，多丰富自己的知识和阅历，做优秀传统文化的传承者和弘扬者！

中国人民大学历史系教授　何瑞萍

序　言

在 5000 年甚至是更为漫长的中华历史长河中，埋藏着许许多多珍贵的文物国宝，这些国宝不仅自身具有极高的艺术价值，而且还含蕴着那个时代的文化特质。国宝之所以为国宝，并不因其价值连城，只因其身上镌刻着数千年来中华文化的印迹。

当今的青少年成长在互联网高速发展的时代，文化的价值让步于经济，这种潜移默化的影响虽然在当下还不明显，但在未来十年、二十年，甚至是更长的时间中，必然会显现。为了进一步发挥中华优秀传统文化的价值，不断提升当代青少年的文化素养、道德水平，近几年来我国出台了许多政策，要求在全社会广泛学习和传播中华优秀传统文化。

中华优秀传统文化的内涵十分广博，我们很难用特定的语言为其圈定范围，所以在介绍、宣传中华优秀传统文化时，不能宽泛地说"我们要传承中华优秀传统文化，我们要学好中华优秀传统文化"，而是要从具体之处入手，从一个或几个方面去阐述、去介绍中华优秀传统文化。

我认为"国宝"便是一个很好的方面，那些度过了漫长时光直到今天依然留存的"国宝"可以说是中华优秀传统文化最杰出的代表。所以，我打算以介绍"国宝档案"的形式，来为当代青少年讲述一些中华优秀传统文化的内容，正因如此，才有了这套"写给青少年的国宝档案"图书。

本套图书是专为青少年读者策划的国宝知识大百科，包括《写给青少年的青铜器档案》《写给青少年的玉器档案》《写给青少年的陶瓷器档案》《写给青少年的金银器档案》《写给青少年的古画档案》《写给青少年的书法·碑刻·古籍档案》六册内容。

本套图书在框架设计上，从各类国宝的基础简介出发，细致介绍了发现国宝的经过、国宝背后的故事，最后以国宝的艺术及文化价值收尾，内容丰富、条理分明，为读者完整讲述了与国宝相关的人、事、物。透过本套图书，青少年读者既可以了解有趣的国宝故事，又能感受中华优秀传统文化的魅力以及中华文明的博大精深。

中华文明源远流长，那些巧夺天工的文物国宝是中华文明长河中的闪烁繁星，它们背后是深厚的历史文化积淀和中华民族精神。希望这套"写给青少年的国宝档案"，能够为当代青少年打开学习中华优秀传统文化知识的大门，帮助他们更好地了解中华优秀传统文化，感悟中华民族精神。

目 录

3000 年前的飞天梦
太阳神鸟金饰 / 008

神秘符号的未解谜团
三星堆金杖 / 014

塞北草原的历史瑰宝
鹰顶金冠 / 022

南京博物院的镇馆之宝
西汉初金兽 / 030

古滇国历史的见证
"滇王之印"金印 / 038

北方游牧民族的珍贵饰物
马头鹿角形金步摇 / 044

大唐第一金碗
鸳鸯莲瓣纹金碗 / 050

会转动的香囊
鎏金银香囊 / 056

孝心成就的国宝
金发塔 / 066

寄寓江山永固之意的珍稀酒具
金瓯永固杯 / 072

科技与艺术融合的杰作
金嵌珍珠天球仪 / 082

失而复得的稀世珍宝
金编钟 / 090

3000年前的飞天梦
太阳神鸟金饰

国宝年代：商周时期

规格：外径12.53厘米，内径5.29厘米，厚0.02厘米，重20克

出土年代及地点：2001年出土于四川省成都市郊外金沙村

收藏场所：金沙遗址博物馆

揭开面纱

在四川盆地早期的历史上，曾经有过一个被后人称为古蜀国的国家，这里有很多传奇的故事。到了唐宋时期，还有很多关于古蜀国的传说。然而，古蜀国到底在哪里？后来又怎么样了？这些问题却始终没有答案。

2001年，在成都郊外的一次施工中，一个巨大的古代遗址被发现了。经过考古学家鉴定，该遗址的年代应该为商周时期。将遗址中发现的文物和史料比对，考古学家最后判定这个遗址属于史书中

▲ 商周　太阳神鸟金饰

图案由 4 只相同的逆时针飞行的鸟组成，生动地再现了"金乌负日"的神话传说。4 只神鸟围绕着旋转的太阳飞翔，周而复始，生生不息。

记载的古蜀国。于是，管理部门决定以遗址发现的地点金沙村为名，将这个遗址命名为金沙遗址。

在清理金沙遗址时，考古学家挖掘出了大量的青铜器、石器、玉器和象牙，而在这些重见天日的珍宝当中，最令人啧啧称奇的是一个无比精致的金饰——太阳神鸟。

太阳神鸟是考古学者在一堆松土内发现的，刚刚清理时，它像是一个被揉皱的纸团，等到考古学者

▲ 商周　大金面具

成都金沙遗址出土，面具长 20.5 厘米，宽 10.4 厘米，高 10.7 厘米，厚 0.08 厘米。面具的嘴角略带笑容，非常神秘。

将其慢慢展开，一块刻着太阳和神鸟图案的金箔就呈现在面前。

历史学者认为，古蜀人可能是世界上最早开采并使用黄金的部族之一，他们制作黄金制品的工艺的发达程度，是其他部族无法望其项背的。要知道，中原地区和北方地区出土的同期的金器中，基本都是小件且较简单的器物，而金沙遗址能够出土如此精致的太阳神鸟金饰，证明了古蜀国的制金工艺无比精湛。

3000 年前的飞天梦

金沙遗址出土的太阳神鸟金饰，重量只有 20 克，外径却延展到了 12.53 厘米，经过精确测量其薄厚只有 0.02 厘米，可真算得上一层薄薄的金纸了。

金饰呈圆形轮廓，图案则是镂空裁剪而成，分为内外两层。内层的图案是按顺时针方向旋转分布的 12 芒太阳纹；外层图案围绕在内层太阳的周围，由四只相同的逆时针飞行的鸟组成，这四只鸟的头脚前后相接，朝同一方向飞行。

联系到古蜀国"金乌负日"的神话传说，毫无疑问这片金饰所反映的就是古蜀国人对于太阳和鸟的自然崇拜。而经有些学者解读，太阳周围的 12 道光芒对应一年中的 12 个月，4 只神鸟代表着四季轮回。鸟儿飞翔在太阳周围，代表着古蜀国人对于宇宙的

▶ 明　仇英　《仿明皇幸蜀图轴》（局部）

唐玄宗统治后期，爆发了"安史之乱"。756 年 6 月，安禄山攻陷潼关，唐玄宗被迫西逃至蜀地，此图即表现了途中所见的山川风貌。蜀地雄险的地理位置，使其在先秦之前与中原文明交流不多，其文化发展有自己的独特性。

▲明 唐寅 《王蜀宫妓图》

此图描绘的是五代前蜀后主王衍的后宫。画中4个歌舞宫女正在整妆待君王召唤侍奉。蜀地外部为群山包围,不易受中原战乱的入侵和破坏,加上成都平原土地肥沃,很多时候经济文化异常繁荣。

美好遐想，以及对探索宇宙的渴望。

从整体上看，这片金饰图案构图严谨、线条流畅、极富美感，因而在 2005 年，国家文物局正式将它作为中国文化遗产标志公布，认为它象征着中华民族从历史走来，追求光明、奋发向上的精神。更值得一说的是，在我国的航天事业蓬勃发展的今天，神鸟图案被"神舟六号"载人飞船带入太空，中国人用自强不息的精神，实现了几千年前古蜀人飞天逐日的梦想。

先进工艺

金沙遗址出土的太阳神鸟金饰是用天然砂金加工而成的，其含金量为 94.2%。因为当时的加工技术和加工工具都很原始，所以通过肉眼便能够看到在金饰的边角有一些反复打磨的痕迹。通过对这些痕迹的分析，学者认为这件饰物至少经过了热锻、锤揲、剪切、打磨、镂空等多种加工工艺。

学者们推断出的加工过程是：匠人先将天然砂金表面的杂质剔除，方法是通过加热让杂质和金子自然分离，然后在加热的过程中将金子锻造成圆形，形成基本的器型。

在完成第一步之后，匠人再用小锤反复敲击，将小金饼敲打成片状金箔，再将金箔碾成厚薄均匀的一层，去掉边缘参差不齐的部分，使器物成为一个标准的圆形。

之后，匠人再在圆形的金箔片表面画出太阳、鸟等图案，最后根据画好的样式进行切割镂空，最终形成了今天我们看到的太阳神鸟金饰。

 神秘符号的未解谜团
三星堆金杖

国宝年代：商代

规格：长143厘米，直径2.3厘米，重约463克

出土年代及地点：1986年出土于四川省广汉县（今广汉市）三星堆1号祭祀坑

收藏场所：三星堆博物馆

揭开面纱

三星堆位于四川省广汉市鸭子河南岸，因为当地有三个高高的土丘和弯弯的鸭子河，形成了"三星抱月"的造型，所以被称作三星堆。三星堆在民国时期被意外发现，但因为战乱和遗址范围过大，一直没有得到系统的挖掘。自20世纪30年代起，政府先后数次组织挖掘三星堆，逐渐清理出了三星堆遗址的大致范围。1986年，我国考古学者在三星堆遗址深入发掘时发现两个祭祀坑，

坑中有大量的祭祀品，其中一些物品造型奇特，引起了考古工作者的浓厚兴趣。

这些祭祀品中有脸部怪异的青铜大立人像、巨大的青铜面具、高近 4 米的青铜神树等，有明显的中原青铜铸造工艺的特点，但造型又与中原地区风格迥异，因此让人十分惊奇。而当考古工作者探索三星堆遗址 1 号祭祀坑时，又被一个不同寻常的发现震惊了。

当时，考古队正在清理祭祀坑中的黑色灰渣，突然发现一点金色。青铜器虽然原本是金色，但经过长时间氧化之后肯定已经变成墨绿，为什么这里会有金色呢？考古工作者用竹签和毛刷小

▲ 商　三星堆金杖

三星堆金杖是政治权力和宗教权力的代表，为古蜀国最高政治人物与宗教人物所使用。

心挖掘后，一条刻着精美纹饰的黄金制品露了出来，原来是一根黄金权杖。为什么在一堆青铜器中会出现一根金质权杖呢？考古工作者陷入沉思当中。

经过进一步清理，考古学家又在权杖上发现了一些图案。经过解读，专家认为这些图案很可能就是当时的象形文字，那么，这些象形文字又代表着什么呢？

神秘符号的未解谜团

三星堆金杖上刻着三组图案，靠近端头的一组，为两个前后对称的人头像，他们头戴五尺高冠，耳朵上挂着三角形耳坠，看神态似乎是在微笑。另外两组图案相同，其上下方分别是两背相对的鸟和鱼，鸟的颈部和鱼的头部则压着一支箭状物。

先来看人物，经过考古学者的清

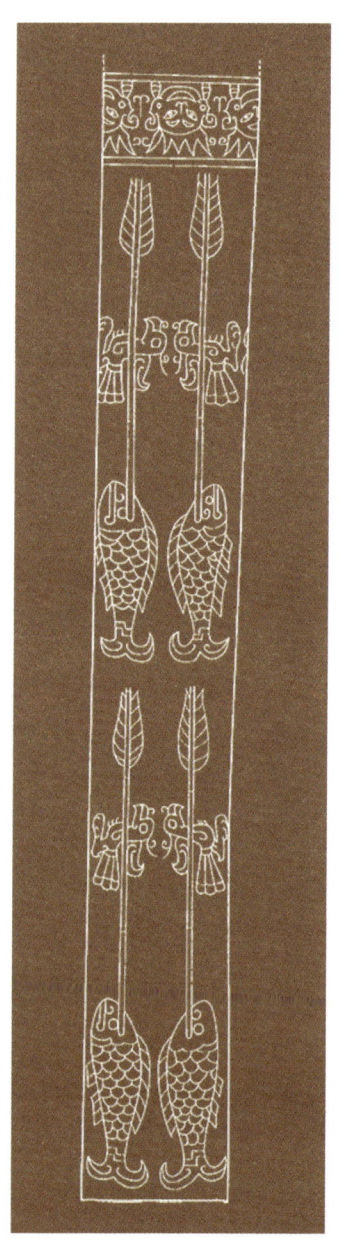

◀三星堆金杖图案

在金杖一端，有约46厘米长的一段图案，图案分为三组。

理，他们发现人头图案大致与祭祀坑中出土的青铜大立人像类似。如果按照学者猜测的青铜人象征着古蜀国的某位君主的话，那么黄金权杖很可能就是属于这位君主，或者是后世为了纪念这位君主而制作的，因此才会在权杖上刻这样的图案。

人头图案很好解释，那么鸟和鱼的图案呢？一时间众说纷纭。然而，当学者们深入了解古蜀国历史之后，谜题就解开了。据《华阳国志》记载，古蜀国先后有过几位重要的领袖，分别是蚕丛、柏灌、鱼凫、杜宇等，其中蚕丛教会了人们养蚕织丝的技术，鱼凫教会了人们织网捕鱼获取食物的技术。就像李白在《蜀道难》中说的那样，"蚕丛及鱼凫，开国何茫然"，古蜀人为了纪念自己的祖先，将他们刻在祭祀用的权杖上就是理所当然的事情了。因而，权杖上的鸟和鱼的图案很可能就代表着鱼凫。而箭翎呢，有学者认为在整个冷兵器时代，羽箭是最具杀伤力的远程攻击武器之一，箭翎代表着威武不可侵犯，这正是金杖作为权力象征的应有之义。

这样看来，三星堆金杖和历史记载相互印证，为我们了解古蜀国历史和古代中华民族的形成提供了宝贵的资料。

先进工艺

三星堆金杖是由木制杖身外包金箔制成，但因年代久远，木头早已经在泥土中被腐蚀掉了，只剩下外面的金箔还保留着权杖的器型。其实不只黄金权杖，在三星堆出土的大量金器中，最常见的便是金箔，如三星堆黄金面具，半张面具不过约280克，却被打造成宽23厘米、高28厘米的面具，摊开面积比一张A4纸还

▲北宋　郭熙　《蜀山行旅图》

郭熙是北宋画家，工山水，笔势雄健，水墨明洁。画山石多用卷云皴或鬼脸皴，画树如蟹爪下垂。此画描绘了山峰绵延起伏，江河上船只往来，其间草木丰茂，溪桥上、山径间有往来的行旅，山脚下丛树掩映着村居。整幅画面布局巧妙，结构严谨，意境深幽。

大好几圈。

那么，古蜀人为何对金箔如此情有独钟呢？原来，古代制作黄金器物除了可以浇筑，还可以采用锤揲的方法。所谓锤揲，就是利用黄金质地柔软、延展性强的特点，用锤子将它锤扁锤薄，然后再通过裁剪、切割等方法，加工出极薄的金箔器型。

古蜀国的黄金浇筑工艺很可能还没有那么发达，因而当获得难能可贵的黄金之后，便多采用锤揲的方法，然后将金箔镶嵌或包裹在某件器物的表面，最终形成金光灿灿的礼器。只不过因为年代久远，黄金之内包裹的器物早已腐化，而黄金却保留了下来。今天我们看到的黄金面具、黄金权杖就是由此而来的。

◀ 清　袁耀　《蜀栈行旅图》

蜀地从古至今都以险著称，图中所绘蜀地高山巍峨险要，河流湍急，有惊心动魄之美感。

塞北草原的历史瑰宝
鹰顶金冠

国宝年代: 战国时期

规格: 高 7.1 厘米,冠带直径 16.5 厘米

出土年代及地点: 1972 年出土于内蒙古伊克昭盟(今鄂尔多斯市)

收藏场所: 内蒙古博物院

揭开面纱

"天苍苍,野茫茫,风吹草低见牛羊。"古代民歌歌颂的北方大草原,在战国时期曾是匈奴的牧场,然而随着时间的流逝,匈奴人和他们的故事消失在草原的风沙当中,没留下多少痕迹。

1972 年的一个冬日,内蒙古伊克昭盟杭锦旗的一位老人像往常一样朝戈壁深处走去。此处戈壁经常能挖出古代大型哺乳动物的骨骼形成的化石,这位老人想挖一些值钱的化石,换些钱来补贴家用。

老人来到一处沙窝,发现昨天的一场大风吹走了很多浮沙,露出了坚硬的石块。他走近发现石头中间有一些金闪闪的东西,拿起一看,居然是金子。老人赶忙收好,再继续搜索,又陆续发现了一些各种材质的器物。

老人大喜,于是前往银行准备将金器卖掉。结果银行里一位警惕性比较高的员工发现这不是普通金器,赶忙上报当地政府。

▲战国时期　鹰顶金冠

鹰顶金冠被称为"草原瑰宝",是目前国内发现的唯一一件匈奴王金冠饰。

政府派专家赶往调查，经过现场勘察和挖掘，发现那个沙窝居然是一个匈奴时期的古墓。考古工作者在古墓中出土了200多件金银器物，而老人手中那块差点被融化换钱的黄金物品，居然是一顶属于匈奴王的王冠。

草原珍宝——鹰顶金冠

这顶冠由纯金打造，分为冠顶和金冠带两个部分，共重1394克。其中冠顶呈半球型，在半球上有一只站立的雄鹰，鹰体由金片制作而成，身体内部镂空，身体及双翅有羽毛纹饰，鹰首、颈皆是用绿松石制成，连接处有花边相隔，尾部则用金丝与鹰体连接，可以活动。在半球上还有四组狼吃羊的雕刻图案，其中羊为卧伏姿势，

▲ 宋　佚名　《胡笳十八拍文姬归汉图》（局部）

▶ 宋　佚名　《胡笳十八拍文姬归汉图》（局部）

此图描绘了东汉末年蔡邕之女文姬从匈奴归汉之时行走在漠北大风沙中的情景。

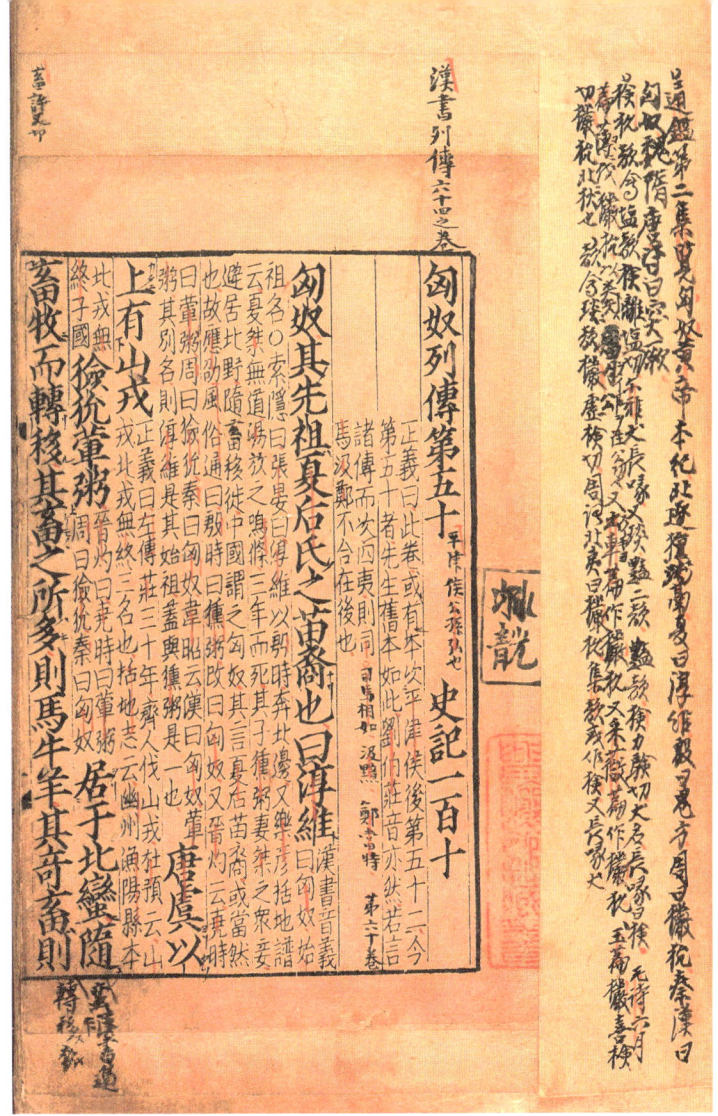

▲南宋刻本《史记·匈奴列传》

◀明 《御制外戚事鉴·霍去病》

霍去病是西汉名将，他19岁时指挥两次河西之战，歼灭和招降河西匈奴近10万人，于公元前117年病逝，年仅24岁。

《史记·匈奴列传》是记述匈奴与中原关系的传文。匈奴是夏后氏之苗裔，属中华民族的一个组成部分，长期居住在北部边境地区，从事畜牧业，善骑射。自夏代以来，常侵扰汉民族居住的中原北部边境，发生了多次战争。

▶ 战国时期 匈奴相邦玉玺

匈奴相邦玉玺是战国时期的文物，印文结构平稳，布局严谨。

▲ 汉 狼噬牛金牌饰

整个器物以浮雕和透雕的手法表现了恶狼吃牛的情景，该金牌反映了北方匈奴文化进入河湟流域，开始和羌文化交流融合的历史事件。

盘角羊前肢弯曲，后肢则被狼咬住。

冠带则由三条半圆形绳索式金带组合而成，三段以榫卯连接，其中两段组成圆形作为佩戴之用，另外一段则作为装饰。冠带末端分别有浮雕卧虎、卧式盘角羊和卧马造型。整个金冠饰构思奇特，制作精湛，纹饰精美。

根据史料记载，鹰在草原民族尤其是匈奴文化中有着至高无上的地位，将鹰冠于顶上，而冠又以纯金打造，意味着这顶冠的主人身份必定十分显赫。考古学家推测，这顶金冠的主人是匈奴君主，至于是哪一位匈奴王则无从推测了。值得一提的是，匈奴虽然长期生活在我国北方草原，但这顶匈奴王金冠却是我国出土的唯一一顶匈奴时期的金冠。现在这顶金冠就静静地躺在内蒙古博物院中。

艺术特色

鹰顶金冠无论是在造型上还是在配饰上，都呈现出古代北方草原民族的粗犷风格，如冠顶的雄鹰，虽然不甚细腻，但夸张的钩状鹰喙却突出了雄鹰的凶猛。从加工手法来看，雄鹰镂雕而成，而冠顶的纹饰则是浮雕，工艺相对复杂，分别以锤揲、錾镂、抽丝、镶嵌等工艺制成，体现了战国时期草原工匠的工艺水平和艺术造诣。

王冠中的动物纹饰，设计灵感毫无疑问来源于古代游牧民族的生活，他们生活在草原，与家畜及野生动物为伍，因此，如狼咬羊等图案，正是草原民族独特文化的生动体现。而鹰顶金冠饰更是以草原之王的威严，俯视着世间一切。

 南京博物院的镇馆之宝
西汉初金兽

国宝年代：西汉初

规格：纵 16 厘米，横 10.2 厘米，重 9100 克

出土年代及地点：1982 年 2 月 10 日，出土于江苏省盱眙县南窑庄窖藏

收藏场所：南京博物院

揭开面纱

江苏省盱眙县自古就是楚国故地，是典型的东南形胜之地，楚汉争霸时项羽给楚怀王定的都城就是盱眙。汉朝建立之后，盱眙先后归属荆国、吴国，留下了很多传奇故事。

1982 年早春，盱眙县穆店公社马湖大队的村民们正在为春耕疏通沟渠。村民分段清理，在清理一段满是污泥的沟渠时，一位万姓村民被一块"石头"硌到脚，当他把"石头"从污泥中捞出

想要扔到岸上时，惊人的一幕出现了——"石头"居然泛出点点的金光。他见状赶忙用水冲洗"石头"，污泥瞬间就被冲掉了，这时他才看清，这哪里是什么石头，原来是一块金疙瘩。后来这位村民叫来自己的哥哥一起回去挖宝，兄弟两人又挖到了一个装满金块的铜壶。

听闻消息之后，周围的村民从四面八方赶来，把万家围得水泄不通，嚷嚷着要看一眼金疙瘩。情急之下，万家兄弟决定马上上报。上级政府马上组织文物专家进行鉴定，最终确认这个物件由纯金制作，年代非常久远。鉴于这位村民主动上交，政府决定奖励他1万元人民币，另外再奖励给村子里5000元人民币，这1万元在20世纪80年代绝对称得上是一笔巨款了。

▲西汉初　金兽

金兽含金量99%，工艺采用铸造和锤击两种方式，体现了当时极高的制作水平。

▲明 仇英 《汉宫春晓图》

该作品以春日晨曦中的汉代宫廷为题,用长卷的形式描绘后宫佳丽百态,其中包含画师毛延寿为王昭君画像的故事。

▲明　仇英　《上林图卷》（局部）

此画根据司马相如的《上林赋》所绘,铺陈颂扬皇家园囿上林苑之堂皇富丽,以及天子射猎场面之壮阔盛大。画中极力描绘各种水陆神兽、奇花异卉,但见宫殿巍峨,人马逶迤,尽显天子声威之浩大。

▲ 西汉初　金饼

▲ 西汉初　马蹄金

▲ 西汉初　马蹄金

后经文物专家清点，这批极其珍贵的文物包括镂空网套铜壶一件及各种金币、金器。其中9块半金饼重达2864克，15块马蹄金、麟趾金重达4845克，11块金版"郢爰"重达3260克。

在经过鉴定之后，专家们确定这些出土文物原本是窖藏在此地的，而这个窖的历史很可能要追溯到西汉初期，也就是距今2000多年了。现在，这些珍贵的文物已经被收藏于南京博物院中，成为那里的镇馆之宝。

最大、最重的纯金制品

盱眙县出土的西汉初金兽是我国目前出土的所有文物中，单体造型最大、总重量最重的一件金器，重达9100克。用如此多的黄金打造这样一个器物，当年它的主人到底为什么要这样做呢？

比它的重量更让人疑惑的是它的造型。这尊金兽从面部看像一只豹子，但同时又有老虎的特征，所以称之为虎豹兽并不为过。它身体蜷曲，成团状，头靠于前膝，耳贴在脑门两侧，头大而尾长，身短而粗壮，张着嘴露出牙齿，神态非常警觉。

金兽的颈部有三轮项圈，头顶有一环纽，这让金兽显得十分别致，但同时也缺少了生动。此外，在金兽底座的内壁刻有"黄六"字样，文字为小篆，考古学者推断"黄"指的是金兽的质地为黄金，"六"则是序数的意思。但是既然有六，那么一、二、三、四、五又去了哪里呢？这个问题直到今天依然没有找到答案。

那么，这尊金兽的用途是什么呢？考古学者认为，在中国古代，虎豹被视为神兽，可以起到辟邪的作用，因而这尊金兽应该是用来辟邪的。然而，拥有如此多黄金的主人，其身份必然不一般，而用这样一个像虎又像豹的器物来辟邪，也多少让人觉得有些难以理解，这是隐藏在金兽上的另一个谜团，或许只有时间能够带给我们答案了。

先进工艺

这尊金兽在器物造型上并不典型，但从铸造工艺上却符合汉代金器制作的基本特征，是汉代金属铸造工艺和金器锤击工艺这两种技法的完美结合。

金兽整体是空腹、厚壁，显然是用黄金浇筑成型的，而从金兽通体类似于马赛克的锤饰圆形斑纹和斑纹的大小来看，必然是在整体铸成之后，制作者再用工具锤击，进而构造出器型来的。因而金兽整体虽显得有些粗犷，但在细节上又让人觉得细致精美。

古滇国历史的见证
"滇王之印"金印

国宝档案

国宝年代： 西汉

规格： 高 1.8 厘米，边长 2.3 厘米，重 89.5 克

出土年代及地点： 1956 年 12 月，出土于云南省昆明市晋宁县（今晋宁区）石寨山

收藏场所： 中国国家博物馆

揭开面纱

《史记》有记载，古滇王曾问汉朝使者："汉朝和我滇国谁更大呀？"后来，夜郎国王也提出了相同问题。因此，历史上便有了"夜郎自大"这个成语。从《史记》记载看，夜郎国实在是冤枉，真正不自量力的其实是古滇国，但从这一记载我们也能知道另一个信息，那就是身处西南深山茂林里的古滇国实在是闭塞。

后来，随着汉朝影响力的扩大，古滇国也逐渐汉化，接受汉王朝的册封和统治，并最终融入中华民族的历史，只剩下史料中的只言片语。

进入现代，神秘古滇国重新出现在了人们的眼前。20世纪50年代，中国科学院院长、历史学家郭沫若来到云南省博物馆参观，见到了一些造型别致的古代青铜器，问身边人这些是不是古滇国遗存。郭沫若这个问题提醒了云南的考古学者，于是大家回到发现青铜器的晋宁石寨山继续挖掘，最终搜索到一些古代墓葬。经

▲ 西汉　"滇王之印"金印

滇王国是汉代西南诸侯国中最强的国家之一，《史记》中有记载："西南夷君长以百数，独夜郎、滇受王印。"其中所说的王印即为此印。

过对墓葬信息的整理后发现，这些墓葬真的属于古滇国贵族。

在这些墓葬里，考古学者发现了青铜器、金器、铁器、玉器、玛瑙、绿松石、石器、陶器等珍贵文物，而在清理其中一个墓葬的过程中，一个被泥土包裹着的方形物体引起了考古学家孙太初的注意。当孙太初小心翼翼地将其清理干净之后，一枚金光闪闪的金印便呈现在人们的眼前。这枚金印上印有"滇王之印"四个汉字，毫无疑问，这便是历史记载中汉武帝颁发给古滇国君主的汉册金印了，那么这个墓葬的主人是谁也就不言而喻了。

独特造型

古滇国金印通体由黄金打造，历经千年也未损伤分毫。印面呈正方形，如瓶盖大小，边长为2.3厘米，高1.8厘米。从铸造工艺上看应该是纽和印身分别铸成后再熔接起来的，印的总重量为89.5克。

印上文字为汉代通用的印章篆书，内容为"滇王之印"。字是凿成的，笔画两边的凿痕虽依稀可辨，但印文刻印清晰有力，从中也可以看出汉代工匠刻印水平之高。

这枚印的形制比较特殊，印身上有一只蛇形印纽，那是一条栩栩如生的蟠蛇，身体蜷在一起，蛇头微微抬起，歪着伸向上方，蛇身上有麟纹，给人一种古朴中带有一丝诡异的感觉。

古滇国历史的见证

龙是中国的象征,因为中原皇帝的玺印上多用龙来做印纽,而颁赐给王公贵族的印章的纽则多用貔貅、麒麟等瑞兽,而蛇在中国古代文化传统中的地位一直不高,那为何颁赐给滇王的金印要用蛇做纽呢?

原来,在汉代时西南地区还没有得到充分开发,夜郎、牂牁、滇国这些小国都隐藏在大山深处,其开化程度较中原有很大差距,很多古国还处于部落社会向农业文明的过渡时期,连铁器都没有。而在原始蒙昧阶段,无论哪个民族都是有很强的自然崇拜的。在西南密林深处,自然崇拜又以蛇崇拜最为广泛。

▲西汉 七牛虎耳青铜贮贝器(局部)

此贮贝器为滇人制作,器盖上铸七牛,其中六牛环绕于器盖边缘,一牛立于青铜鼓上。

▲西汉 鎏金双人盘舞铜扣饰

此俑于昆明市晋宁区石寨山十三号墓葬出土,具有明显的滇文化色彩和特征。现藏于云南省博物馆。

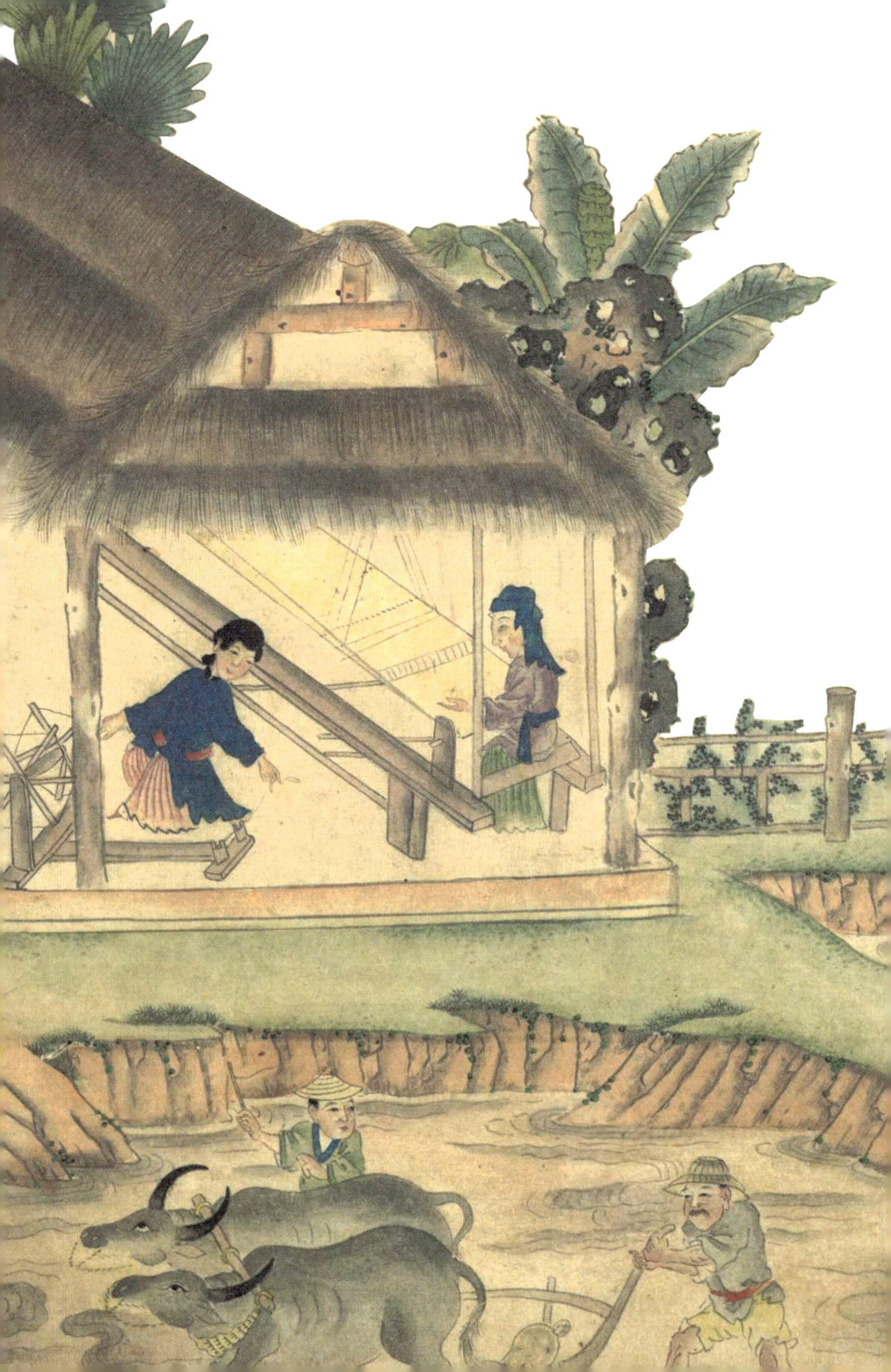

◀ 明　顾见龙　《滇苗图说》（局部）

《滇苗图说》为明朝云南各民族统计图册，共2册，书中记有云南36个民族的生产生活状况和文化风貌。

在那时的西南部落民众看来，在恶劣的雨林环境中，那些能隐蔽、速度快且具有杀伤力的蛇，正是生存能力的象征，因而蛇慢慢变成了象征权力的图腾。而考察西南地区的历史风俗，对蛇的崇拜在一些民族中曾有广泛记载，因此，滇王蛇印的出现就再正常不过了。

而且我们还可以据此想象一下，当时很可能是在汉军的压力下，滇王最终选择臣服于大汉。而大汉将领在收到滇王的归降意愿之后，立即上奏给汉朝朝廷，并一起报告了古滇国的风俗习惯。因而汉朝在册封滇王的时候，考虑了当地的风俗，进而制作了一枚蛇印颁赐滇王，以表达大汉对滇国上下的尊重。

《史记·西南夷传》记载，汉武帝元封二年，滇王尝羌降于汉，汉"赐滇王王印，复长其民"。滇王金印的出土，正好印证了这段史料的准确性。汉朝中后期，古滇国慢慢消亡，最终湮灭在了历史长河中，但2000年后这枚金印的出土，还是向我们昭示了那段大汉开疆拓土的光辉历史，以及中原王朝在吸纳边远少数民族的同时又尊重当地文化的伟大情怀。

北方游牧民族的珍贵饰物
马头鹿角形金步摇

国宝档案

国宝年代： 南北朝·北朝

规格： 高 16.2 厘米，重约 70 克

出土年代及地点： 1981 年出土于内蒙古自治区达尔罕茂明安联合旗

收藏场所： 中国国家博物馆

揭开面纱

1981 年 10 月，内蒙古达尔罕茂明安联合旗西河子公社前河大队社员在修整土地时，偶然发现了 5 件金饰：龙饰 1 件，牛头鹿角饰 2 件，马头鹿角饰 2 件。总重量 531 克。文物出土时，金龙饰物环绕着其他 4 件头饰，围卷成团状。

考古人员根据相关资料推断，出土的这批金器饰件应为鲜卑族遗物，制作年代应为南北朝时期。当时，鲜卑族在此处活动频繁，可能因为战乱，鲜卑先民在逃离故土时，为了防止金饰落入敌人手中，便将其埋藏在地下。

戴在头上的步摇文化

在这5件金饰中,牛头鹿角饰物和马头鹿角饰物在形制上较为相似,在功能上也基本相同。在我国古代,这类装饰物多被称为"步摇",其因随着女子行走的步履会不停地摇曳而得名,是与簪和钗一样插在女子头发上的饰物。

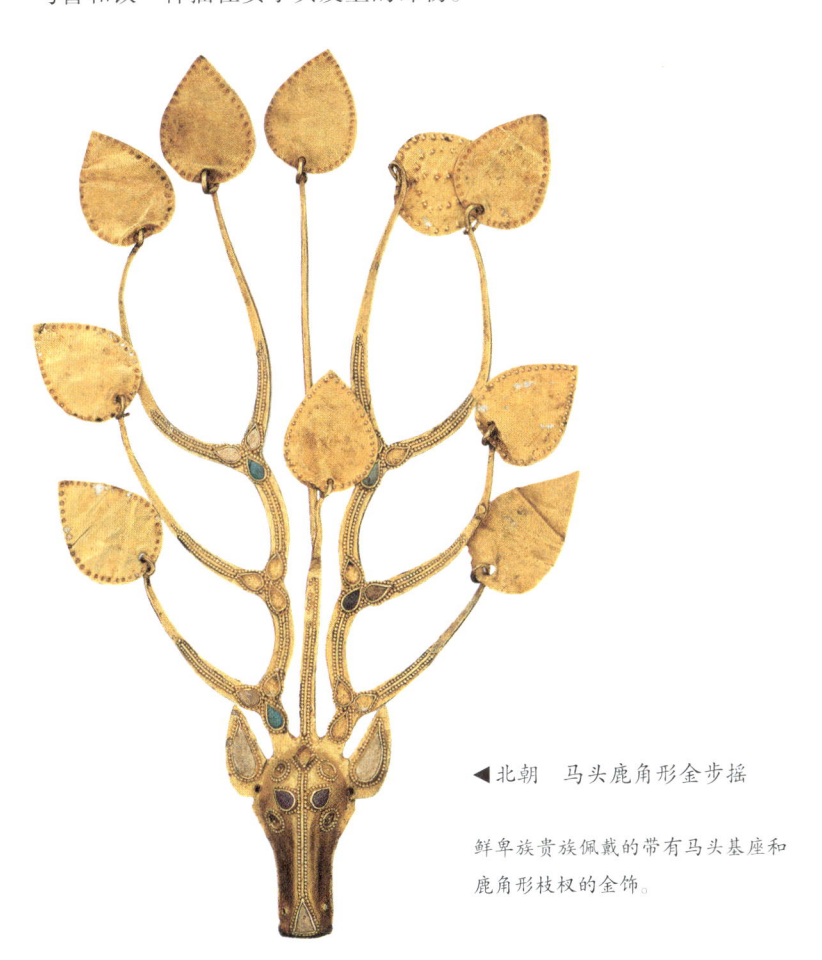

◀ 北朝　马头鹿角形金步摇

鲜卑族贵族佩戴的带有马头基座和鹿角形枝杈的金饰。

▲ 南宋　陈居忠　《鞑靼狩猎图卷》（局部）

图绘北方民族狩猎的场景。

　　作为古代女子的常见发饰，步摇在制作时要比簪和钗复杂，需要的材料也比较多，所以多是有钱人家的女子佩戴，寻常百姓家的女子在簪上悬挂流苏或坠子，也可以看作是一种步摇。

　　在商周时期，步摇是后妃礼服的必要配饰；但步摇之名的文字记载，最早出现在战国时期的文献中；到了魏晋时期，步摇开始大范围流行起来，顾恺之在《女史箴图》中所绘女子便佩戴着带有活动叶片的步摇。这种步摇在魏晋南北朝时的北方地区颇为流行，在内蒙古发现后收藏于中国国家博物馆的马头鹿角形金步摇便是这种形制的步摇。

这种活动叶片的设计本不是中原地区常见的步摇形制，而是受到了西域地区步摇冠的影响。魏晋南北朝时期，鲜卑族不断扩大自身的势力范围，在不断学习中原民族文化的同时，鲜卑文化也传入了中原地区。在欧亚草原上生活的民族，多喜欢将黄金作为装饰物，鲜卑族将其与中国北方地区流行的动物造型纹饰结合，创制出了各种形制的金步摇。

马头鹿角形金步摇的出土，为魏晋南北朝时期的民族融合提供了有力佐证。

▲北宋　张戬　《解鞍调箭图》

此图绘蕃人解甲，坐憩调箭，旁边滚马非常雄壮。

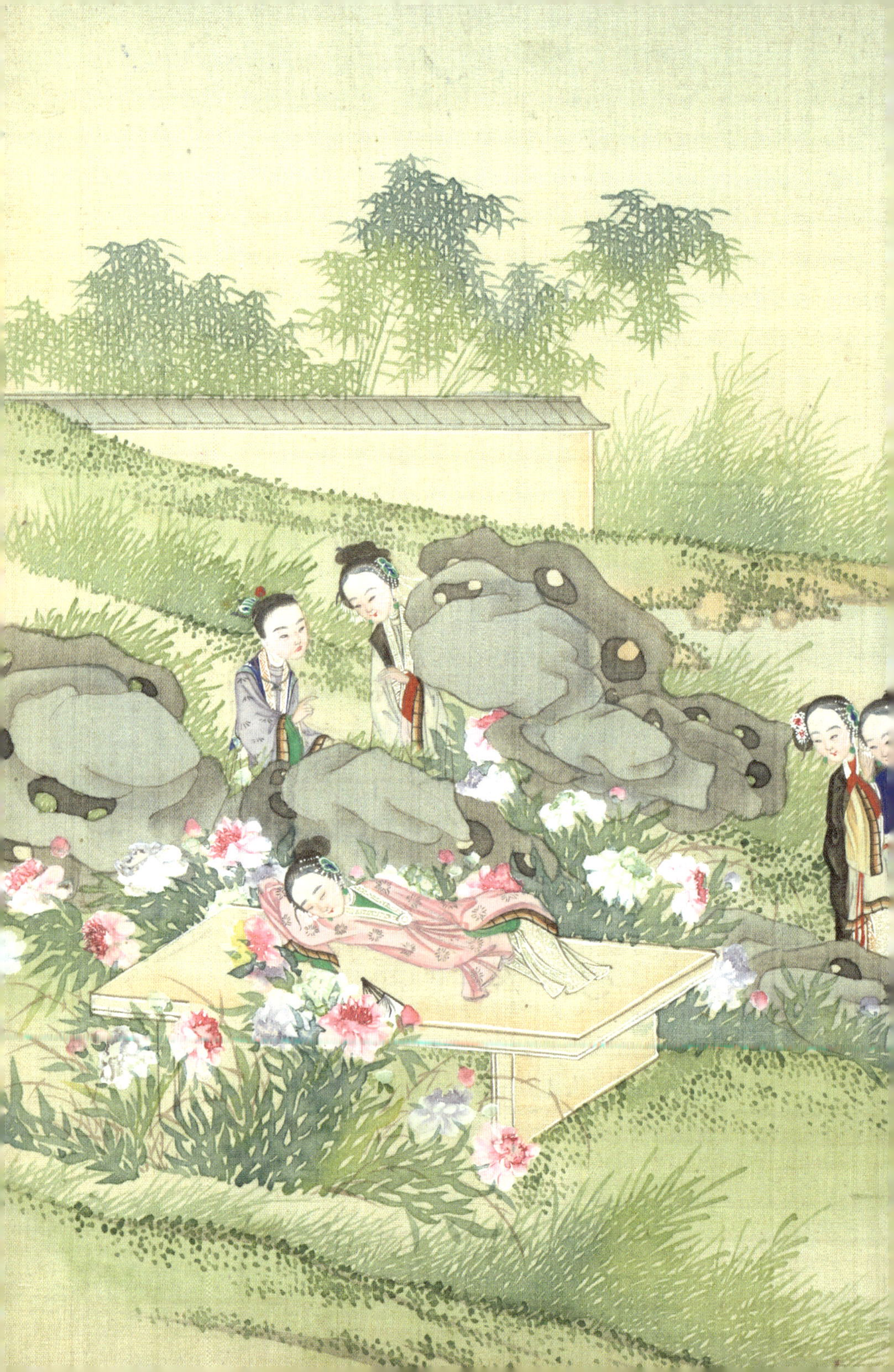

造型工艺

1981年于内蒙古出土的马头鹿角形金步摇之所以被认为是"步摇",主要是由于其上的桃形叶片是活动的,随着佩戴者脚步的移动,会摇摆发出声响,与中原传统的步摇基本相似。

这款马头鹿角形金步摇高16.2厘米,重约70克,基座为马头形,基座之上分出呈鹿角形的枝杈,每根枝杈梢头又接着小环,环上悬一片金叶。作为基座的马的双眼、耳及鹿角等部位镶嵌着红、白石料,边缘则装饰着鱼子纹。从马头一体成型来看,其应为浇筑而成,背面则依靠捶打使其产生光泽,足见当时工匠技艺的高超。

◀ 清 沈谦 《红楼梦赋图册》

此图选自《红楼梦》里史湘云醉眠芍药茵章节,被公认为书中最美的一章,图中各女子头戴的步摇具有清代步摇满汉结合的特征。

大唐第一金碗
鸳鸯莲瓣纹金碗

国宝档案

国宝年代：唐代

规格：一件高 5.5 厘米，口径 13.7 厘米，足径 6.8 厘米，重 392 克；另一件高 5.6 厘米，口径 13.5 厘米，足径 6.8 厘米，重 391 克。

出土年代及地点：1970 年出土于陕西省西安市南郊何家村窖藏

收藏场所：陕西历史博物馆

揭开面纱

1970 年，陕西西安南郊的何家村在进行基建施工时，一位工人发现自己挖掘的地方露出陶瓮的一角，他小心翼翼地将陶瓮取出，发现其中竟然装着许多金银宝器。

何家村发现文物的消息，很快被上报给当地的有关部门，考古人员第一时间抵达现场。一番探寻后，考古人员在距第一个陶瓮被发现处不远，又找到了一个陶瓮和银罐，里面同样装着很多金银器。就这样，震惊中国考古界的何家村唐代窖藏被发现了。

这是我国考古界对唐代金银器的一次重大发现，在何家村唐代窖藏中，共出土了1000多件文物，仅金银器皿就有271件。鸳鸯莲瓣纹金碗是诸多金银器皿中较为出彩的一个，被定为中国国宝级文物。

富丽堂皇的皇室酒器

在所有唐代金银器中，碗的数量和形式比较多，但之前发现

▲唐　鸳鸯莲瓣纹金碗

1970年出土的两只金碗造型、纹饰均相同。纯金打造，纹饰华丽，莲瓣线条流畅，造型饱满庄重，是典型的唐代艺术风格。

▲ 唐 鸳鸯莲瓣纹金碗（局部）

金碗外壁交错排列上下两层莲瓣，每层10瓣。上层为动物纹，有鸳鸯、野鸭、鹦鹉、狐狸等，下层均为忍冬花装饰图案。莲瓣上空白处用飞禽和云纹来装饰，以鱼子纹填底。

的多是银碗，较少有唐代金碗，这两件何家村唐代窖藏中出土的金碗被世人称为"大唐第一金碗"。在一些典籍文献中，有唐代用金碗盛酒的记载，所以有学者认为这两件鸳鸯莲瓣纹金碗是皇室所用的酒器。

这两件金碗形态饱满，纹饰华丽优美，工艺精湛，很符合唐朝人的审美，也很有大唐盛世的气派。

仔细观看，可以发现在每个莲瓣内，都有以动物为主题的纹样，比如兔纹样、狐纹样、鹿纹样和鸳鸯纹样等。这些动物纹样蕴含着和谐美好的吉祥寓意，是唐代器物中较为常见的纹样类型。

在这些动物纹样旁边还有一些形态各异的花草，作为点缀来衬托各种动物纹样。下一层的莲瓣中刻有统一的忍冬花纹，相比于那些动态的动物纹样，

▲唐　鎏金双狮纹银碗

银碗敞口，碗口沿下内束，形成略有弧状的斜壁，圆底。银碗外壁有10朵如意云头，底部有鎏金圆饰片，圆片内以鱼子纹为底，中心饰有两只相对的瑞狮，双口衔折枝，脚下亦装饰一株折枝花，边缘处是一圈绳索纹，绳索纹外面还有一圈向内翻卷的波浪纹，纹饰均为鎏金。

▲唐　鎏金双狐纹双桃形银盘

这件银盘窄沿、浅腹、平底，呈相连双桃形。盘底两桃中心有两只首尾错置的狐狸，其中一只狐狸回首俯视，另一只狐狸回首仰视，神态生动活泼。狐狸的颈部及腹股处錾刻细纹，周身鎏金。银盘造型优美，做工甚为精细。

▲ 唐　鎏金舞马衔杯纹银壶

此壶制作工艺独特，制作时先将一整块银板捶打成壶的大致形状，壶身呈扁圆形。壶盖帽是锤揲成型的覆式莲瓣，在顶中心位置铆有一个银环，银环内有一条长14厘米的银链，将其与壶肩部焊接着弓箭形状的提梁相连。

这些忍冬花则要稳定平和得多。整体纹样，有动有静，相得益彰。

再看金碗外部，碗底是一只鸳鸯，于莲花之中飞翔。在唐代，鸳鸯纹饰的应用相当广泛，尤其在各类婚嫁器物中，更是常见。莲花与鸳鸯相似，都有永结同心、多子多福的内涵，二者并用于一件器物中，更能凸显其中的美好寓意与审美趣味。

小小的金碗上，竟然集合了如此多的纹样，这正是唐代工匠们的技艺高超之处。将需要装饰的器物划分出许多小区间，然后在各个小区间中填入合适的纹样，从而达到美化整个器物的效果，这种装饰手法被称为"适合纹样构图"，是唐初、盛唐时期非常流行的装饰技法。正是这种装饰技法，赋予了这两只金碗独特的艺术魅力。

独特工艺

在鸳鸯莲瓣纹金碗的底部,有一圈非常细密的小金珠。这些整齐排列的小金珠看似简单,实则蕴含着复杂的工艺原理。在唐代,想要实现这种造型效果,需要使用一种名为"炸珠"的独特工艺。

这种"炸珠"工艺有两种操作方法:一种是将黄金熔液滴入温水中,以获取大小不等的小金珠,再将金珠镶嵌在器物上;另一种是把金屑放在炭火上加热,以获取露滴状的小金珠,而后将金珠镶嵌在器物上。

以现代工艺水准来看,这种工艺技法是比较简单的,但在没有智能机械辅助的唐代,能够使用这种工艺来装饰器物,也算是一种别具匠心的创意了。

◀ 唐　鎏金鹦鹉纹提梁银罐

银罐的中部主体纹饰是鹦鹉纹,鹦鹉抬首,展翅,翘尾,栩栩如生。鹦鹉周围围绕着折枝花团,簇拥环绕整个器物,形成一种生机盎然的景象。银罐空白处用鱼子纹填满,花纹平錾,纹饰鎏金。银罐的肩部设有一个提梁,提梁能自由活动。

会转动的香囊
鎏金银香囊

国宝档案

国宝年代：唐朝

规格：直径 4.8 厘米

出土年代及地点：1963 年出土于陕西省西安市郊沙坡村

收藏场所：中国国家博物馆

揭开面纱

早在 3000 多年以前，我国古人便开始用金银制作器物。到了唐代，国家强盛，中西方文化交流日益密切，金银器的制作工艺获得了较大发展。近现代以来，西安曾多次出土唐代银器。

1963 年春，西安市东南郊的沙坡村出土了 15 件银器，主要是熏炉、碗、壶等。从形制、纹饰和工艺上可以断定，这些银器都是唐代遗物。这一地区在唐代时位于长安城中春明门和延兴门之间，有专家认为，这批银器可能是战乱时贵族逃难遗留下来的。

▲ 唐　鎏金银香囊

该香囊由两个半球组成，有子母扣可以扣合。香囊外壳通体镂空花鸟纹饰，这种设计不仅美观，香气也可以通过这些镂空散发出来。香囊带有链条，其上部有弯钩，既能佩戴在身上，也可以悬挂于室内帐中。

◀ 唐 狩猎纹高足银杯

陕西西安沙坡村窖藏出土,圆唇侈口,高足。银杯经锤揲成型,纹样采用的是錾刻工艺,饰有四幅骑马狩猎图,整个狩猎景象布局巧妙,情节紧张生动。

▶ 唐 花鸟莲瓣纹高足银酒杯

出土于陕西西安沙坡村,口沿微侈,弧腹,高足,腹部呈莲瓣状,底部为十曲花瓣形。此杯纹饰多样,有山水、卷云纹,鸟纹更达十数种之多。

沙坡村银器窖藏中出土了许多精美银器。比如鹿纹银碗，作为一种盛食器，被制作得如工艺品般精致，碗底的花角鹿纹饰栩栩如生，其造型风格与古代中亚、西亚等地的传统器皿非常相似，从这里也可以看出唐代对外文化交流的繁荣景象。

这些银器显示了当时劳动人民在工艺美术方面的卓越成就，极具研究价值。在这众多做工精致的唐朝银器中，有一件鎏金银香囊银器，在各方面都颇引人注意。

▲唐　鹿纹银碗

碗壁锤揲出12个凸凹起伏的瓣状，圈足，口沿下刻有一行铭文，碗内底部中心饰有一花角立鹿。

会转动的香囊

说到香囊，大家一定会想到我们生活中常见的那种锦缎制作的小香包，在端午节等传统节日中，一些地区仍有佩戴它的习俗，人们用它来祈福、

▲ 唐 镂空缠枝纹银香囊

此香囊和沙坡村出土的鎏金银香囊构造相似，通体镂空，玲珑剔透，两个同心圆之间设有机环装置，这样无论香囊如何转动，香盂皆可保持平衡，香料不会随着香囊的转动而倾撒，可谓巧夺天工。

辟邪，它还可以起到驱蚊的作用。那么古人为什么佩戴香囊，它又有着什么样的作用呢？

宋代著名女词人李清照在《醉花阴》中写道："东篱把酒黄昏后，有暗香盈袖。"这首词提到了古时候女子喜欢将香囊藏在

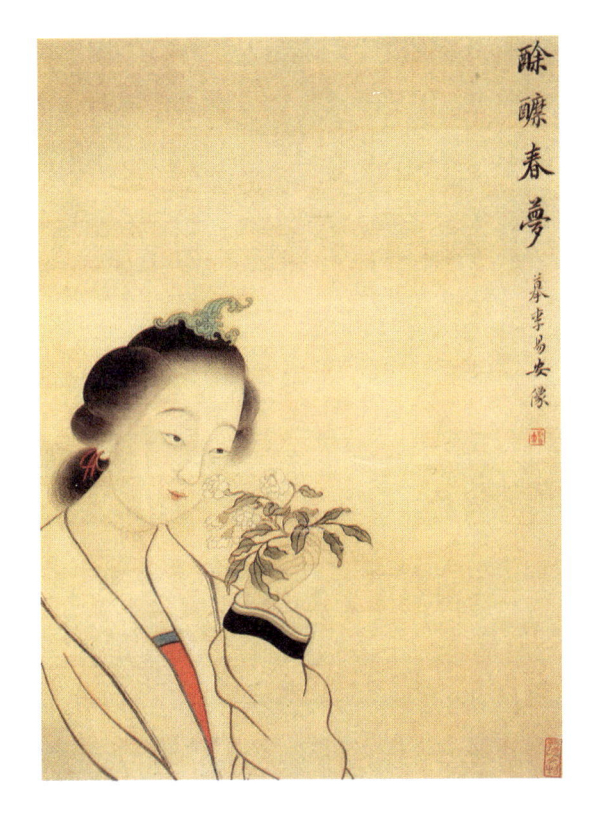

▲ 清　佚名　李清照像

李清照是北宋著名婉约派词人，其前期所作词多写悠闲生活，后期词多悲叹身世，情调感伤。

衣袖之中，营造"暗香盈袖"的感觉。除了放在袖子里，古代的香囊还可以系于腰间，或放在床帐与车辇内，作用相当于我们现代的香水、熏香。一些心灵手巧的女子还会绣制香囊，赠予心爱之人，表达爱慕之情。

▲ 元　钱选　《明皇弈棋图》

不过,唐朝的鎏金银香囊可与古时这种以绸缎制成的香囊大为不同。鎏金银香囊直径4.8厘米,银质,外层鎏金,由上下两个半球组成,外有镂空花鸟纹饰,接银制链子,小巧精致,极易携带。

上下两个半球有合页连接,小球一侧有勾连,用于开关小球。在小球内部有两个相互连接的圆环,以及盛放香料的小盂。小盂

此图描绘的是唐明皇李隆基与其爱妃杨贵妃对弈的情景，画面色彩艳丽却雅致得体。唐明皇手持黑棋正打算落子，杨贵妃右手指着棋盘，画面左侧有两位仕女端着茶盘，画面的右侧是一名女子在逗小狗玩耍。据传，唐玄宗宠爱杨贵妃，赐她一枚银香囊，杨贵妃被赐死后，唐玄宗重返京都，密令改葬，发现杨贵妃肌肤已坏，香囊犹在。

凭借重力作用会与两个同心圆机环保持平衡，无论香囊怎样滚动，小盂中的香料都不会倾撒出来。当香料在小球中缓慢燃烧时，香气会从镂空的小球中四散开来。使用者可以将其放在被褥中，也可以戴在身上，或是悬挂在室内。

▲ 唐　鎏金银香囊（内部）

唐代的工匠能制作出如此精巧的香球，其奇思妙技实在令人叹服。

先进工艺

鎏金又称"涂金""镀金"，是一种常见的金属加工工艺。通过将金汞合剂（金与水银混合）涂在铜器、银器表层，加热使水银蒸发，让金牢固贴附在金属器物之上，便可以达到器物附金的效果。我国是世界上最早使用这一技术的国家，它始于战国时期，成熟于汉代。

完整的鎏金工艺，通常有四个基本工序：

首先是煞金。将黄金锻成金箔,剪成碎片,加热到400℃左右,然后倒入汞,溶解后倒入冷水中冷却,便可以制成银白色膏状的金汞合剂。

其次为抹金。将金汞合剂与盐、矾混合液均匀涂抹在打磨掉铜锈的铜器表面,让器物完全被金汞合剂所覆盖。

再次是开金。以适当的温度经炭火温烤,让水银蒸发,金汞合剂中渐渐只剩下金,铜器表面的颜色也由白转为金黄。

最后是压光。用毛刷蘸酸梅水刷洗,再用玛瑙或玉石制成的"压子"沿着器物表面进行磨压,使镀金层致密、牢固,直到表面出现发亮的鎏金层为止。

完成以上这些步骤后,一件精美的鎏金器物便诞生了。

孝心成就的国宝
金发塔

国宝档案

国宝年代：清朝乾隆时期

规格：高 147 厘米，底座 70 厘米 ×70 厘米

来源：清宫旧藏

收藏场所：北京故宫博物院

揭开面纱

在北京故宫博物院的珍宝馆里有一座精美夺目的塔式金器，一些游客认为这就是许多电视剧中提到的金发塔。但实际上，故宫珍宝馆中的金器并不是金发塔，而是金嵌珍珠宝石塔，真正的金发塔被收藏于故宫中景阳宫的金银器馆。

虽然在形制上有些相似，但金发塔与金嵌珍珠宝石塔的差别还是比较大的。相比于金发塔，金嵌珍珠宝石塔不仅在尺寸上小了一大圈，而且在重量上也不是一个级别。制作金发塔共用 3000

▲清 金发塔

金发塔纹饰精美，造型高峻而灵巧，反映了乾隆时期的金属制作工艺水平。

多两黄金,在花费上要远超金嵌珍珠宝石塔,如此巨大的花销也几乎让乾隆掏空了宫中的金器。

孝心成就的国宝

乾隆四十二年(1777年),乾隆的生母崇庆皇太后病逝。乾隆十分孝顺母亲,悲痛万分的他除了为母亲置办极尽哀荣的葬礼,

▲清 郎世宁 《乾隆帝写字像》

图为乾隆皇帝在书房内的情景,风格清幽雅致。

还下诏制作一座金塔，用以收藏母亲生前梳头时掉落的头发。

因为这座宫造佛塔的意义非凡，乾隆对其非常重视，下旨不仅要供奉头发，还要放入母亲生前礼佛所用的那尊无量寿佛，为母亲祈福。

当时，乾隆原本准备了1300多两黄金打造佛塔。可是，要放下这尊无量寿佛，就要将佛塔的规格扩大。由于佛像是皇太后生前的信物，乾隆不愿意自己的孝心打折扣，佛像不能缩小，那就只能把佛塔尽量往大做。但此时清廷中的黄金存量已经不多，这可难倒了造办处负责筹办事务的官员。

乾隆皇帝自然也知道没有黄金这事，正当他忧愁不决时，内务府大臣福隆安想出了解决方案：动用内务府广储司存金，再把寿康宫的金器全部熔化。

乾隆皇帝采纳了福隆安的建议，两项措施并行，又获得了940多两黄金。为了筹得这些黄金，寿康宫的金器无一幸免，别说盆、碗等金器，就连7钱重的金珐琅鼻烟壶、2钱重的金茶匙都给熔化了。可即使是这样，制作发塔的黄金还是不够。

眼看时间一天天过去，福隆安只好奏请乾隆，请求使用一点儿白银。乾隆考虑再三，同意了福隆安的请求。最终，这座佛塔名义上使用了3000多两黄金，但其中有700两是白银，含金量是百分之七十左右。

这座佛塔的材料如此贵重，做工自然也不能马虎。它不仅代表了乾隆的一片孝心，更反映了清朝中期最顶尖的金属工艺技术。

造型工艺

作为清代著名金器，以如此巨大的花费究竟做出了怎样的稀世珍宝呢？

金发塔使用盘纹焊接和锤胎錾花工艺制作，高147厘米，底座边长70厘米。整座金塔由下盘、塔斗、塔肚、塔颈、塔伞及日月共6部分组成。13层塔身在当时已经是顶级规格，再在每层适当部位镶嵌珠宝玉石，提高了这座金塔的豪华指数。为了给皇太后祷告，塔的每一层上还密密麻麻地雕刻着梵文佛经，更加体现了其制作工艺之精细。

塔身上有一扇门，塔肚内放置的便是无量寿佛，佛像后是一盛发金匣，其正面有六字真言，侧面有八吉祥纹饰，下为白檀香木座，内有皇太后的头发。塔下承以紫檀木莲花瓣须弥座，塔座前正板上则有"大清乾隆年敬造"款样。

其最为与众不同的是，别的佛塔底座都是由名贵木材制作而成，而金发塔的底座也是金的，重重叠叠的金底座，让这座佛塔显得非常华贵。

▶ 清　佚名　《孝圣宪皇后朝服像》

清世宗孝圣宪皇后钮祜禄氏，康熙五十年（1711年）八月生四子弘历（即乾隆皇帝）。世宗（即雍正帝）继位后，封为熹妃，又晋为熹贵妃。乾隆继位后，尊为皇太后。

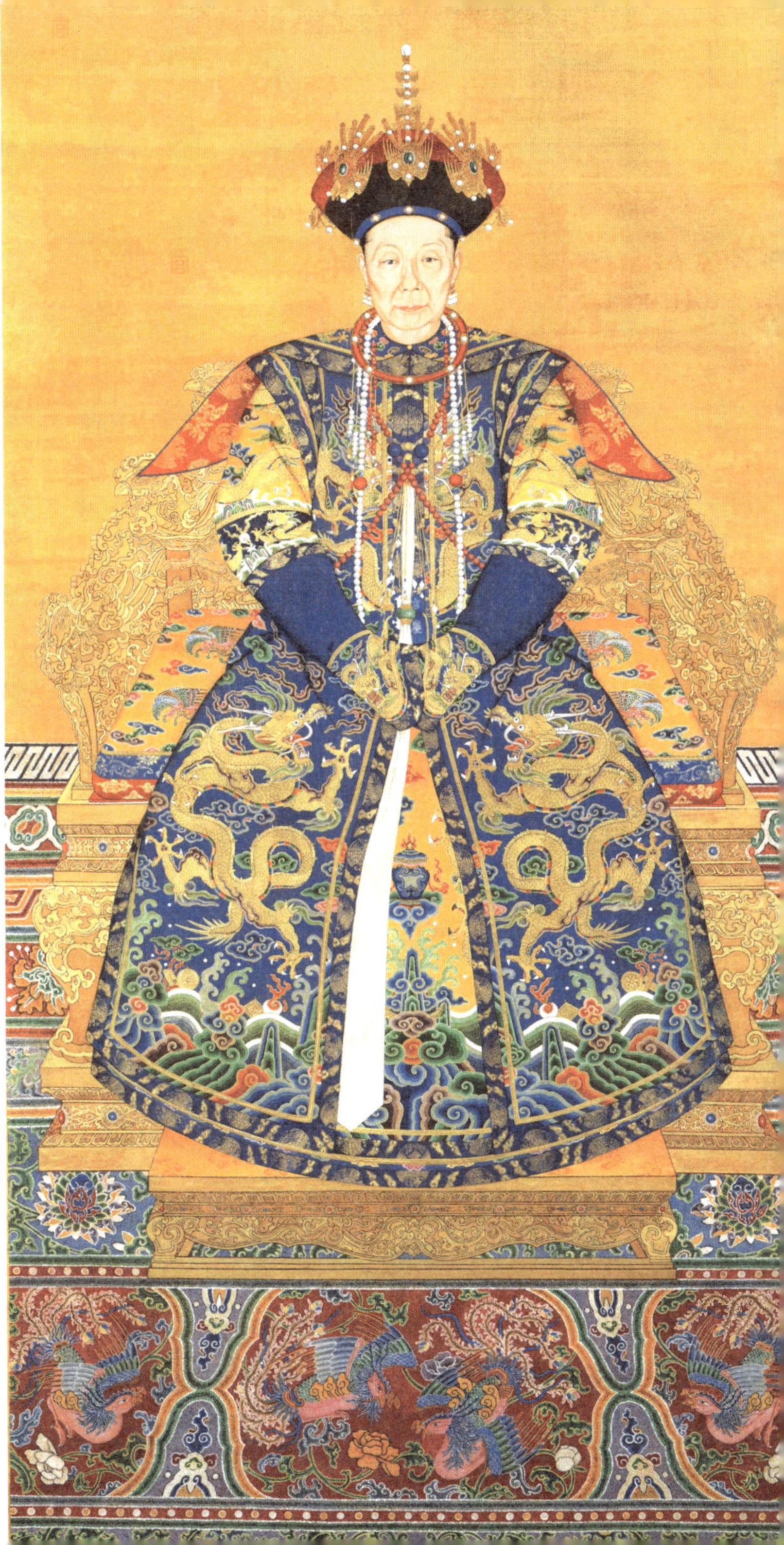

寄寓江山永固之意的珍稀酒具
金瓯永固杯

国宝档案

国宝年代：清朝嘉庆二年

规格：高 12.5 厘米，口径 8 厘米，足高 5 厘米

来源：清宫旧藏

收藏场所：北京故宫博物院、台北故宫博物院、伦敦华莱士博物馆

揭开面纱

"元旦开笔"是中华民族的传统礼仪，被称为"人生四大礼"之一。乾隆皇帝在位 60 年，从未间断过这一仪式，每年元旦，他都会在养心殿东暖阁寝宫旁的小屋内举行开笔仪式，即"明窗开笔"。

在开笔仪式中，乾隆皇帝会亲自点燃烛台，并在金瓯永固杯中倒满屠苏酒，而后用毛笔蘸朱墨和黑墨书写下祈求江山永固的吉利话。

▶清　金瓯永固杯

此杯为嘉庆二年制造，现藏于北京故宫博物院。

▲外壁满錾宝相花，花蕊主要以珍珠和红、蓝宝石作为点缀。

▲杯身两侧各有一变形龙耳，龙头上镶有珍珠。

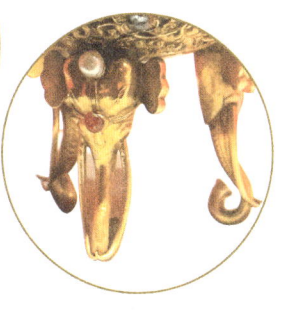

▲底部三足呈现象首式，象耳略小，长牙卷鼻，珠宝于额顶及双目之间。

▲ 通体錾刻缠枝花卉，镶有数十颗珍珠，还有红、蓝宝石和粉色碧玺。

▲ 杯身两边为双立夔耳，夔龙头各嵌有一颗珍珠。

▲ 清　金瓯永固杯

此杯为乾隆年间制造，现藏于台北故宫博物院。高12.5厘米，口径8厘米，足高5厘米，用八成金制成。

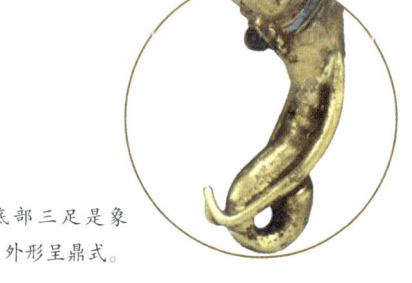

▲ 杯口边铸有"金瓯永固""乾隆年制"篆书。

▶ 底部三足是象首，外形呈鼎式。

寄寓江山永固之意的珍稀酒具：金瓯永固杯 | 075

金瓯永固杯是乾隆皇帝举行开笔仪式时的专用酒杯，其有江山永固、国泰民安之意。这件极具深意的器物，对于手握江山权柄的帝王来说，具有非常重要的意义。现在这一文物已经成了北京故宫博物院小型珍品中的镇馆之宝，更被称为"中国乃至世界金银史上的巅峰之作"。

寄寓江山永固之意的珍稀酒具

乾隆让人制作的金瓯永固杯一共有 4 只，分别制作于乾隆人生中的不同阶段。

乾隆四年（1739 年），乾隆下旨让造办处制作一款名为"金瓯永固"的金杯，造型及纹样都由乾隆自己选定；乾隆五年（1740 年），乾隆决定再做两款金瓯永固杯，并在造型上增加了一些新想法；嘉庆二年（1797 年），因为此前的一款金瓯永固杯受损，

◀ 清　金嵌宝石镂空花卉纹八角盒

清朝的金银器宫廷奢华之风浓郁，基本无古朴之意。此金器造型绚丽，纹饰繁缛，同时加以宝石点缀，使得整个器物更光彩夺目。其陈设及使用也有定制，以此对应使用之人的身份。

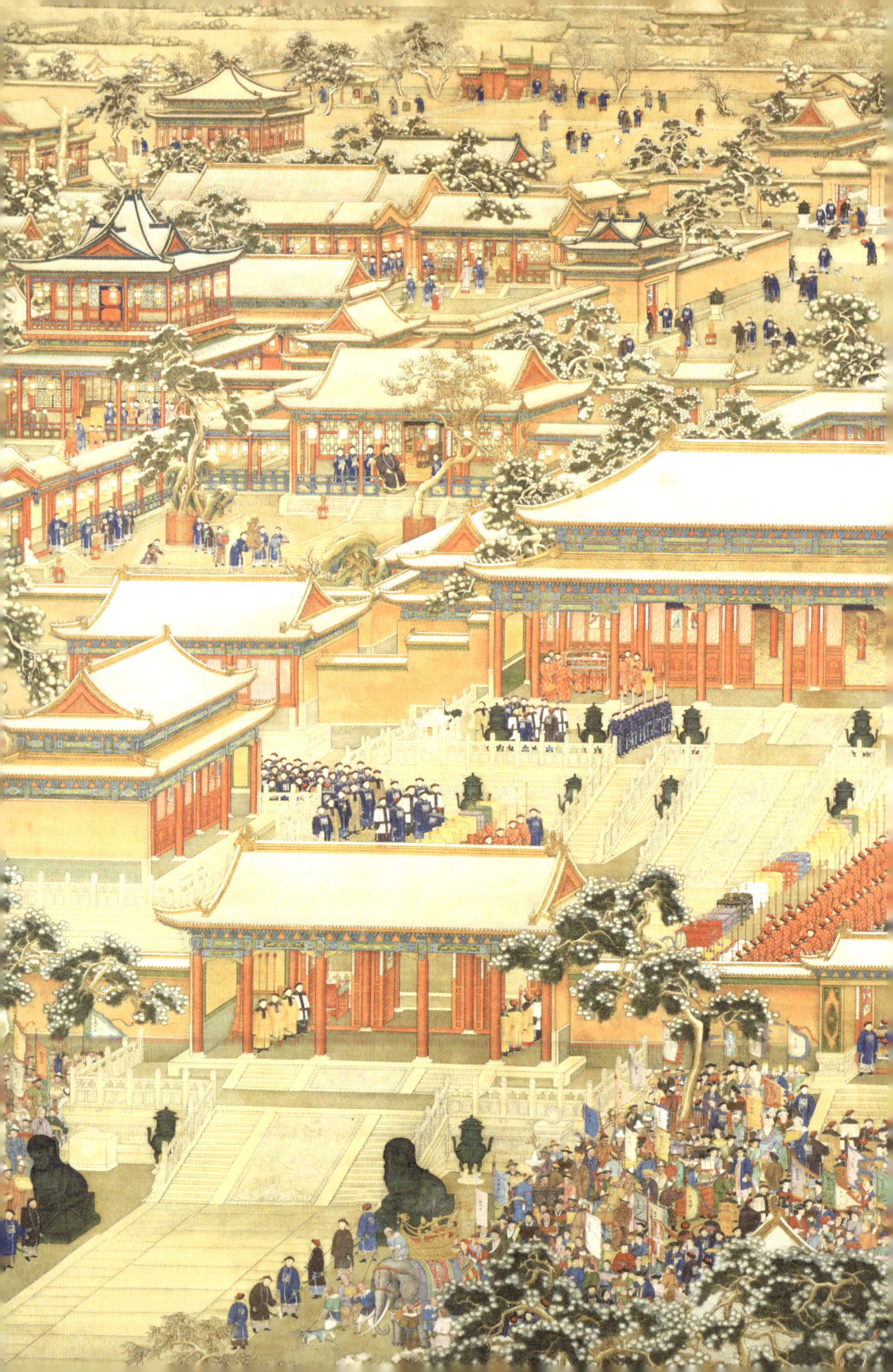

◀ 清 佚名 《万国来朝图》（局部）

每年元旦，乾隆皇帝都会在养心殿东暖阁举行开笔仪式，仪式上必然要摆放一只重要的杯子，即金瓯永固杯，寓意大清的疆土、政权永固。此画描绘的是乾隆年间藩属及外国使臣元旦到紫禁城朝贺的场面，场面宏伟壮观。

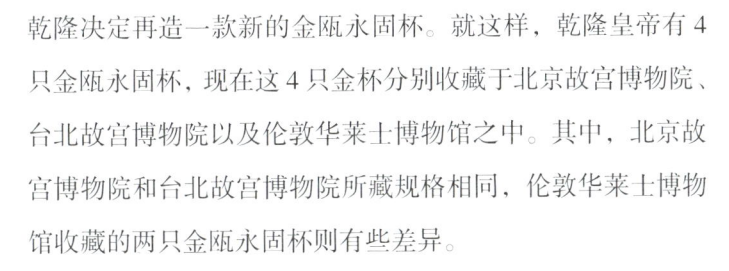

乾隆决定再造一款新的金瓯永固杯。就这样，乾隆皇帝有4只金瓯永固杯，现在这4只金杯分别收藏于北京故宫博物院、台北故宫博物院以及伦敦华莱士博物馆之中。其中，北京故宫博物院和台北故宫博物院所藏规格相同，伦敦华莱士博物馆收藏的两只金瓯永固杯则有些差异。

北京故宫博物院所藏金瓯永固杯为嘉庆二年所造，高12.5厘米，口径为8厘米。杯子的一面有"金瓯永固"篆书文字，一面有"乾隆年制"字样。整个杯子的外壁布满珍珠及宝石镶嵌的宝相花，杯子的两侧各有一龙耳，三足则为象首式。

在众多名贵的皇家御用品之中，用极多黄金和宝石堆砌而成的金瓯永固杯散发着柔和的金光，雍容华贵，造型别致，让人感叹它的工艺精湛。

独特工艺

仔细观察金瓯永固杯会发现，在那闪闪的金色之后，还

有一种鲜艳明丽的蓝色。这种蓝色调的形成,并不是用了某种颜料,而是使用了我国传统的点翠工艺。

所谓点翠,就是将翠鸟身上绿中有蓝的羽毛镶嵌在金属器物上,通常是先在金属上做出不同图案的底座,再从活翠鸟身上拔毛,镶嵌到适当位置,制作出漂亮的器物。这是一种高超的制作工艺,同时也是一种残忍的工艺技术。

从活的翠鸟身上取羽毛时,翠鸟会受到较大惊吓,伴随着羽毛的脱落,翠鸟的身体也会受到一定损害,所以大多数被取掉羽毛的翠鸟都会慢慢死亡。随着社会的进步,后世工匠已经逐渐抛弃了这种残忍的工艺,改用"烧蓝"等其他工艺来呈现蓝底效果。

一般来说,应用了点翠技术的金瓯永固杯应该也是翠色的,但由于年代久远、保存不善、点翠羽毛掉落等原因,现在的金瓯永固杯更多呈现出金色,而非蓝色。

▶ 清　丁观鹏、郎世宁等绘　《乾隆帝岁朝行乐图》(局部)

绢本,设色,纵305厘米,横206厘米,由中西画家共同创作。乾隆帝继承皇位后,每遇汉民族的传统节日,他都要求在皇宫中举行相关的庆祝活动,尤其是岁朝(元旦),每到这一天,他与家人一起点竹放炮,祈求平安吉祥。代表着江山永固的金瓯永固杯也出现在图画中,与乾隆帝的美好愿望相契合。

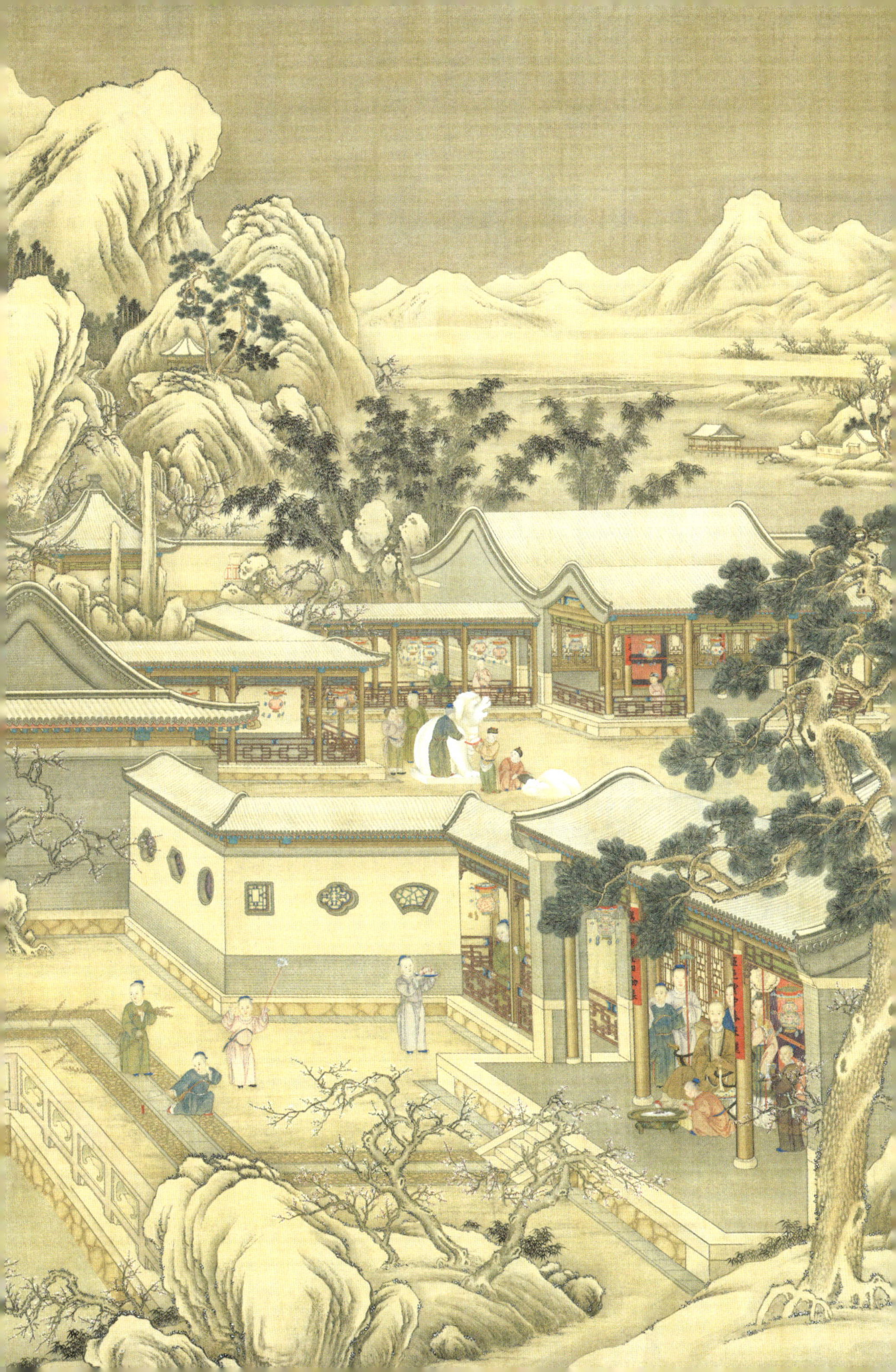

▲清　郎世宁等绘　丁观鹏等着色　《平定准噶尔回部得胜图》（局部）

平定伊犁受降
秉時令將定條
枝
天佑人歸捷報
馳多戰有征安
絕域壺漿簞食
迎王師
兩朝歸構敵云
繼百世寧綏有
兩思好雨優渥
土宇拓敉心耶

此图描绘的是乾隆皇帝为保清朝江山、政权永固，果断出兵，平定额鲁特蒙古准噶尔部达瓦奇叛乱以及平定天山南路回部维吾尔大小和卓木叛乱后，部族恭迎清军的情景，实为纪念西域作战的庆功图。

科技与艺术融合的杰作
金嵌珍珠天球仪

国宝档案

国宝年代： 清朝乾隆时期
规格： 球径 29.5 厘米，架高 61.5 厘米
来源： 清宫旧藏
收藏场所： 北京故宫博物院

揭开面纱

1406 年，明成祖朱棣以南京故宫为蓝本，开始兴建北京故宫。14 年之后，他如愿住进了这座宏伟的宫殿，在此后的近 500 年时间里，24 位帝王在这里度过了自己的一生。

1912 年，皇帝退出了中国历史的舞台，故宫也不再作为谁的宫殿而存在。1925 年 10 月 10 日，北京故宫博物院正式成立，故宫迎来了新生。

作为明、清两代皇帝居住的地方，故宫曾经收藏着无数专属于皇家的奇珍异宝。随着岁月的更迭、历史的变迁，这里已经不再有帝王，那些收藏于其中的奇珍异宝也成了中国乃至整个世界的物质文化遗产。

位于北京故宫博物院东部的珍宝馆是一座艺术宝库，这里有许多稀世珍宝，皇帝的印玺、皇后的凤冠、精美的玉器、各色的宝石，还有乾隆皇帝用过的扇子……每一件都有独特价值。在诸多金银器物中，乾隆时期的稀世珍宝——金嵌珍珠天球仪无疑是引人注目的一个。

探索星空的纯金艺术品

天球仪是古代用来观测天体运行的仪器，又被称为

▲ 清　金嵌珍珠天球仪

此款天球仪是流传至今唯一一件用黄金制作而成的模型，弥足珍贵。

◀ 清　郎世宁等绘
《弘历观画图》

图中的乾隆皇帝肖像由擅长写实的郎世宁所绘，人物的五官和面部表情非常细腻生动。

浑天仪、天体仪。其在形制上与现在的地球仪颇为相似，都由基座、支架和球体三部分组成。其中，天球是由金叶锤打成的两个半圆合并而成的，球的两端中心为南北极，半圆接缝处则为赤道。北极有时辰盘，距赤道23°左右，赤道与黄道相交处为春分、秋分，球外正立的圈则为子午圈。

作为我国古代唯一一件流传至今的以黄金制成的天球仪，金嵌珍珠天球仪的珍稀程度不言而喻。若要探究这件器物的来源，便不得不提到对西方技术颇为着迷的乾隆皇帝。

乾隆是一个热衷于学习、创造的皇帝，由他下令制作的金器、玉器或其他种类的奇珍异宝，都十分具有特色。比如，既浮夸又花哨的各种釉彩大瓶，又或者是镶嵌许多珍珠宝石的金嵌珍珠宝石塔。

从这里也可以看出，只要是乾隆皇帝有了兴致，那便可能下令"鼓捣"出一些稀奇古怪的珍宝来。金嵌珍珠天球仪便是乾隆皇帝出于对天文学的好奇而下令制作的。

很早以前，为了探索星空宇宙的奥秘，我国古人便开始制作各种探索日月星辰位置及运动规律的仪器。到了乾隆年间，清朝进入鼎盛时期，西方的一些天文学知识也传入清帝国之中。在康熙皇帝的影响下，乾隆对于西洋技术，尤其是那些精密的钟表与机械很感兴趣。

用黄金来打造天球仪，既能满足自己对天文探索的好奇，又能体现出皇室的高贵身份，这样的天球仪是将科技与艺术融合为一体的绝无仅有的珍品。

▲ 清　徐扬　《日月合璧五星联珠图》（局部）

乾隆二十六年（1761年）正月初一，观象台钦天监观测到"日月同升，五星联珠"的天文异象，徐扬奉命绘此千载难逢之吉兆。

独特设计

金嵌珍珠天球仪的制作使用了多种黄金制作工艺,如赤金点翠、锤揲、镶嵌、抽丝等,精美的制作工艺反映出了我国古代金器制造技艺的先进。

在天球设计上,工匠们采用了赤金点翠法,在球体上用珍珠镶嵌了28星宿、300个星座以及2200多颗星。其比例完美,位置准确,反映出清代高超的天文科技水平。

在支架设计上,天球仪的支架被做成高脚酒杯的形状,9条不同姿态的龙支撑着球体。上面的4条腾龙头上尾下擎住球体,下面的4条降龙头下尾上呈翻江倒海之姿,中间1条龙连接着上下部分,呈游龙抱柱状。9条龙采用锤揲法制作,形成中空的圆雕。龙的表面则以抽丝法做出了龙鳞、龙髯、龙睛的纹饰,这使得9条龙生动形象,栩栩如生,十分抓人眼球。

在基座的设计上,工匠们制成了圆形珐琅盘底座,并以细丝盘出缠绕花纹,嵌以烧蓝和淡蓝的珐琅釉。如此操作,使原本单调的金色变得更加丰富多彩,为天球仪增色不少。

除了艺术上的设计,这件天球仪在设计时还加入了西方星等的概念。天球仪表面的每颗珍珠都代表着天上的一颗恒星,珍珠越大,说明那颗恒星越亮。我们站在地球上仰望星空,就如同从天球仪的天球内部仰望天球一般。

除了艺术性和科学性的设计,乾隆皇帝还将自己喜好的钟表机械功能融入天球仪之中。他命人在天球仪的天球中安装了钟表机芯,把钥匙放到天球仪南端的3个孔中悬拧,天球仪便会慢慢旋转起来。虽然它不会像八音盒一样发出音乐声,但我们却可以看着天上的"群星"不断旋转。

▼ 清 郎世宁等绘 《乾隆皇帝射狼图》

图绘在山清水秀、层林尽染的围场，乾隆皇帝独自策马射猎，顺其箭头所指可见一只逃命的狼。全图动感极强，富有生趣。

失而复得的稀世珍宝
金编钟

国宝档案

国宝年代：清朝乾隆时期

规格：架高 350 厘米，宽 340 厘米，钟高 23.8 厘米，径 16.1 厘米

来源：清宫旧藏

收藏场所：北京故宫博物院

揭开面纱

1790 年，清王朝正值盛世，疆域辽阔，国富兵强。乾隆皇帝在八十大寿来临之际，效仿祖父铸造了一套更大的金编钟（康熙帝在六十大寿时铸造过一套金编钟），作为自己的寿礼。

据说，这套乾隆时期的金编钟铸造过程极为复杂，从制图到铸造经历了诸多环节。首先，画工需要画出金编钟的图样，交给乾隆皇帝审阅；其次，审阅通过的图样要交到制模匠人那里制作模子，模子做好后也需要由乾隆皇帝审阅；再次，模子审阅合格后，便可以去铸造金编钟的样子，铸造成后同样需要乾隆皇帝审阅；最后，开炉铸造好的金编钟会交给雕刻匠人锉磨，一直做到乾隆皇帝满意为止。

最终，这套金编钟用各省官员聚敛的一万多两黄金铸造完成。

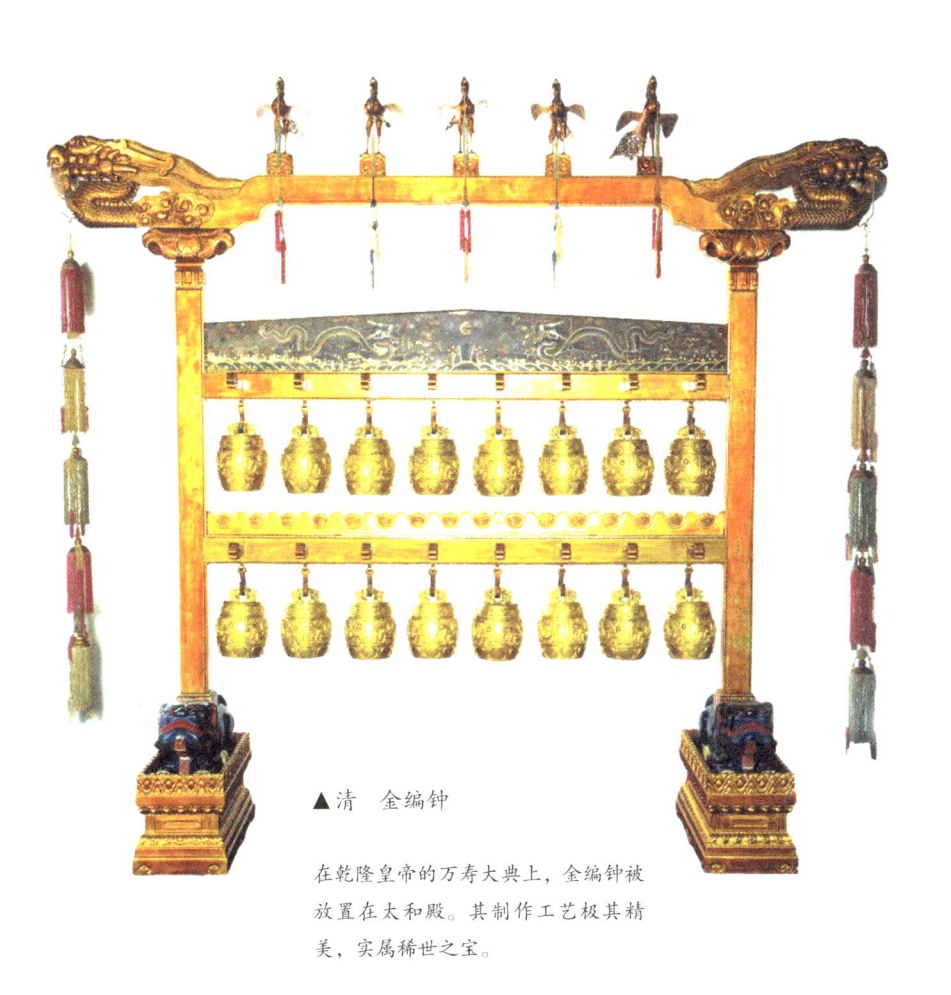

▲ 清　金编钟

在乾隆皇帝的万寿大典上，金编钟被放置在太和殿。其制作工艺极其精美，实属稀世之宝。

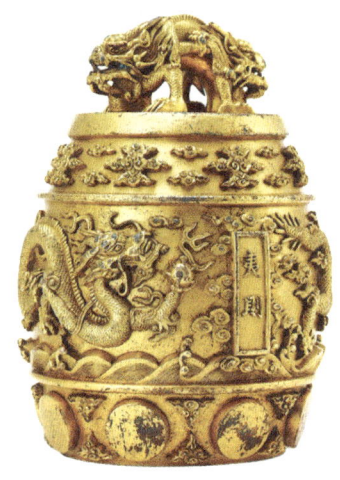

整套编钟共16只，每只编钟前面正中铸造年款"乾隆五十五年制"，背面则为各自的律名。这些编钟大小基本相同，但薄厚差异显著，这使得每个编钟在被敲击时能发出不同的声音。

这套珍贵的编钟不仅是艺术精品，更是珍贵文物。历经200余年，它的魅力依然不减。

失而复得的传奇故事

如此珍宝，居然逃过了近代列强对中国的一次次洗劫，现在仍能安然无恙地存放于故宫，被后人观赏，其背后其实隐藏着一段传奇故事。

作为国宝的金编钟，它最后一次敲响是在溥仪大婚之日。当时清朝已被推翻，落魄的溥仪却仍居宫中，虽说风光不再，但婚礼依然照旧时的排场不减。那时

▲清 金编钟（局部）

的清皇室早已不复往日辉煌，怎能负担得起如此庞大的开销？无奈之下，溥仪只得将宫中的一些珍宝典卖给北京盐业银行，这套金编钟便是其中一件抵押品。

此后，连年军阀混战，北洋政府的主政者都曾探寻过它的下落。在各路军阀政客的垂涎之下，京城已不是金编钟安全的藏身之地。而在日本人安排下做了伪满洲国皇帝的溥仪，赎回金编钟的可能性也几乎为零。

1931年，日军占领了东北三省，北京城一片风雨飘摇，盐业银行负责人将金编钟运到天津法租界盐业银行库房的夹屋里，由天津盐业银行经理兼天津银行会会长陈亦侯负责保管。1937年七七事变后，日本侵略军占领了华北，打探到了金编钟的下落，要求陈亦侯交出金编钟。陈亦侯自知无力保护金编钟，只得派人请示总经理吴鼎昌，问万一无法保存该如何处理，总经理竟然回电让其将金编钟毁掉。但陈亦侯不忍毁弃国宝，并没有按照电报的指示操作，而是将金编钟转移到了其他地方。

然而，日军对金编钟垂涎已久，为了得到金编钟，不止一次威逼利诱陈亦侯。陈亦侯坚守信念，不走漏一点儿风声，没有让日本人得手。抗战胜利后，国民党卷土重来，他们也对金编钟的下落穷追不舍，而陈亦侯依然坚定守护着金编钟。

直到1949年，中国人民解放军解放了天津市，金编钟才被顺利交到天津军管会金融管理处。为了更好地保存金编钟，1953年，金编钟从天津被送回北京，最终藏于北京故宫博物院。

金编钟如今能够在故宫的珍宝馆展出，离不开那些爱国人士的用心守护，我们应该记住他们的爱国赤诚。

造型独特

在古代的一些礼仪性场合，钟是不可缺少的器物，其传荡的美妙音调既是文化气质的展现，也是文雅精神的表达。在皇家大礼上，清脆的声调响起，无疑会让那些帝王生出一种神游于天地并与上苍融为一身的奇异感觉。

金编钟由 16 只小钟组成，每只编钟高 23.8 厘米，径 16.1 厘米。其中最重的一只是"无射大金钟"，用 900 多两黄金打造；最轻的一只是"倍应钟"，用 530 两黄金打造。

编钟的钟钮是两条躬着身体的龙，钟体上面则盘绕着二龙戏珠的纹饰。两条龙的龙身上方刻有朵朵祥云，龙身下方则是翻滚的海浪。最下面是 8 个平头音乳和角云装饰。

整套编钟金光灿灿，造型优美，装饰华丽，气派非凡。

▼清　郎世宁、方琮　《丛薄行诗意图》

此图为郎世宁、方琮所绘,画的是乾隆皇帝在围场狩猎后接见布鲁特使臣时,索伦侍卫贝多尔将生擒的幼虎献给他的情景,场面宏大,具体生动。

图书在版编目（CIP）数据

写给青少年的金银器档案 / 孙建华著. —成都：天地出版社，2023.6（2024.3重印）
（写给青少年的国宝档案）
ISBN 978-7-5455-7596-5

Ⅰ.①写… Ⅱ.①孙… Ⅲ.①金银器（考古）–中国–青少年读物 Ⅳ.①K876.43-49

中国国家版本馆CIP数据核字（2023）第020746号

XIEGEI QINGSHAONIAN DE JINYINQI DANG'AN
写给青少年的金银器档案

出 品 人	杨 政
作 者	孙建华
责任编辑	杨永龙　孙若琦
责任校对	曾孝莉
封面设计	尹琳琳
内文排版	马宇飞
责任印制	王学锋

出版发行	天地出版社
	（成都市锦江区三色路238号 邮政编码：610023）
	（北京市方庄芳群园3区3号 邮政编码：100078）
网　　址	http://www.tiandiph.com
电子邮箱	tianditg@163.com
经　　销	新华文轩出版传媒股份有限公司

印　　刷	三河市嘉科万达彩色印刷有限公司
版　　次	2023年6月第1版
印　　次	2024年3月第3次印刷
开　　本	880mm×1230mm 1/32
印　　张	3
字　　数	65千字
定　　价	25.00元
书　　号	ISBN 978-7-5455-7596-5

版权所有◆违者必究
咨询电话：（028）86361282（总编室）
购书热线：（010）67693207（营销中心）

如有印装错误，请与本社联系调换。